تین بکرے گرَف

The Three Billy Goats Gruff

retold by
Henriette Barkow

illustrated by
Richard Johnson

Urdu translation by Qamar Zamani

mantra

ایک زمانے میں تین نہایت بھوکے بکرے رہتے تھے جن کا نام گرَف تھا۔ وہ ایک ڈھلوانی پہاڑی کے کنارے رہتے تھے۔
اِن بکروں نے ساری ہری ہری گھاس کھا ڈالی تھی اور اَب اِن کو کچھ کھانا تلاش کرنا تھا۔

Once there were three very hungry billy goats called Gruff. They lived on the side of a steep steep hill. The Billy Goats Gruff had eaten all the green green grass and needed to find some food.

نیچے وادی میں اِن بکروں کو تازی ہری ہری گھاس نظر آرہی تھی لیکن وہاں تک پہنچنے کے لئے اُن کو ایک پُل پر سے گزرنا تھا۔

اور اِس پُل کے نیچے رہتا تھا ایک بہت بُرا اور بھوکا۔۔۔

In the valley below the Billy Goats Gruff could see the fresh green grass, but to reach it they had to cross over a bridge. And under that bridge lived a mean and hungry...

ہیبتناک بونا۔

TROLL.

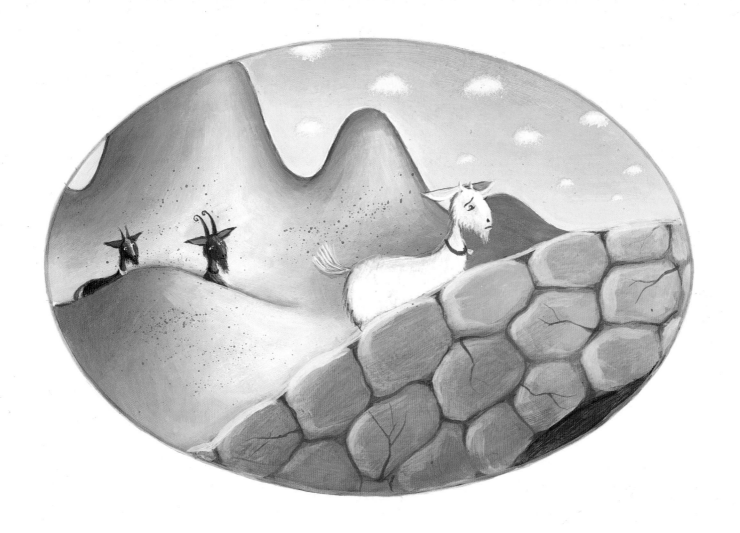

"میں بھوکا ہوں! "پہلے بکرے گرَف نے کہا۔ "اور میں وہ تازی ہری بھری گھاس کھانے جا رہا ہوں۔"

اور اِس سے پہلے کہ دوسرے اُس کو روکتے وہ بھاگ گیا۔

ٹرپ ٹریپ ' ٹرپ ٹریپ! وہ پُل پر سے گزر رہا تھا۔ جب ہی ---

"I'm hungry!" said the first Billy Goat Gruff. "And I'm going to eat that fresh green grass," and before the others could stop him, off he ran. **Trip trap, trip trap** across the bridge he went when ...

ایک آواز نے دہاڑ کر کہا "یہ کون ہے جو میرے پُل پر ٹرپ ٹریپ کر رہا ہے ؟"
"یہ تو میں ہوں " سب سے چھوٹے بکرے گرف نے چھوٹی سی کانپتی ہوئی آواز میں کہا۔

a voice roared: “Who’s that **trip trapping** on **my** bridge?”
“It’s only me,” said the youngest Billy Goat Gruff, in a tiny, trembling voice.

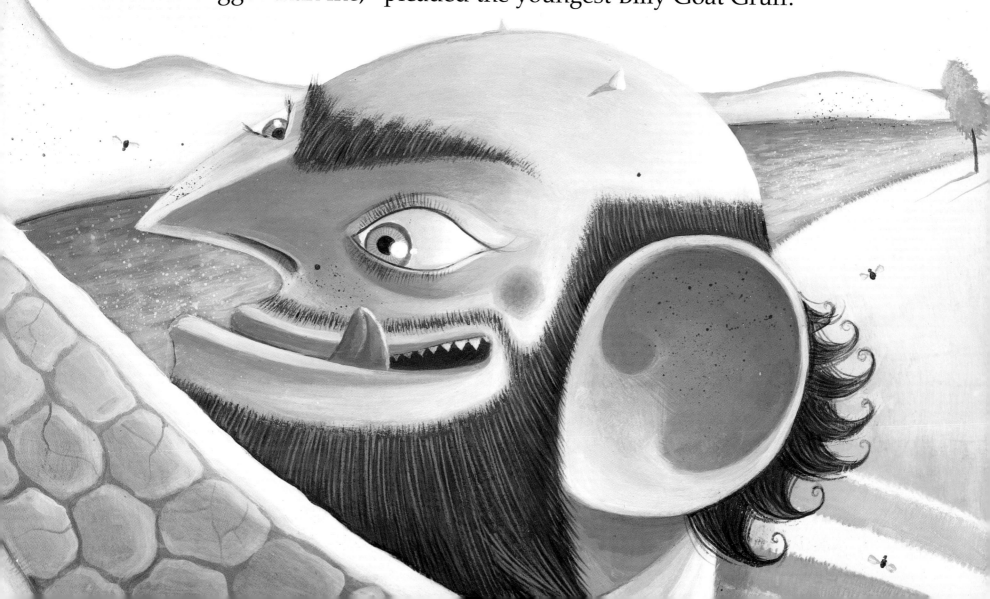

"اچھا تو سنو۔ میں بہت بُرا ہوں 'بھوکا ہوں اور تمھیں کھانے جارہا ہوں!" ہیبتناک بونے نے گرج کر کہا۔
"مہربانی کر کے مجھے مت کھاؤ۔ میں چھوٹا سا اور دُبلا ہوں۔ میرا بھائی آرہا ہے وہ مجھ سے بہت زیادہ بڑا ہے۔"
سب سے چھوٹے بکرے نے خوشامد سے کہا۔

"Well, I'm mean, and I'm hungry
and I'm going to eat you up!" growled the Troll.
"Please, don't eat me. I'm only little and thin. My brother is coming and he's much much bigger than me," pleaded the youngest Billy Goat Gruff.

"اچھا خیر، تم تو واقعی کھال اور ہڈی ہو" ہیبتناک بونے نے مان لیا۔
"تمھارے اُوپر تو گوشت کی بوٹی بھی نہیں ہے۔ میں تھارے بڑے بھائی کا انتظار کروں گا۔"
لہذا چھوٹا بکرا گرَف پُل پر سے گزر گیا اور تازی ہری بھری گھاس کھانے لگا۔

"Well yes, you *are* all skin and bones," agreed the Troll. "There's no meat on you. I'll wait for your bigger brother."
So the first Billy Goat Gruff crossed over the bridge and started to eat the fresh green grass.

دوسرے بکرے گرَف نے کہا۔ "اگر میرا چھوٹا بھائی پُل پر سے گزر سکتا ہے تو میں بھی گزر جاؤں گا!"

ٹرپ ٹریپ، ٹرپ ٹریپ ! وہ پُل پر سے گزر رہا تھا۔ جب ہی۔۔۔

The second Billy Goat Gruff said, “If my little brother can cross the bridge, then so can I!”
Trip trap, trip trap across the bridge he went when ...

ایک آواز نے دہاڑ کر کہا۔ "یہ کون ہے جو میرے پُل پر ٹرپ ٹریپ کر رہا ہے؟"
"یہ تو میں ہوں" منجھلے بکرے گرَف نے چھوٹی سی ڈری ہوئی آواز میں کہا۔

a voice roared: “Who’s that **trip trapping** on **my** bridge?”
“It’s only me,” said the middle Billy Goat Gruff, in a small, scared voice.

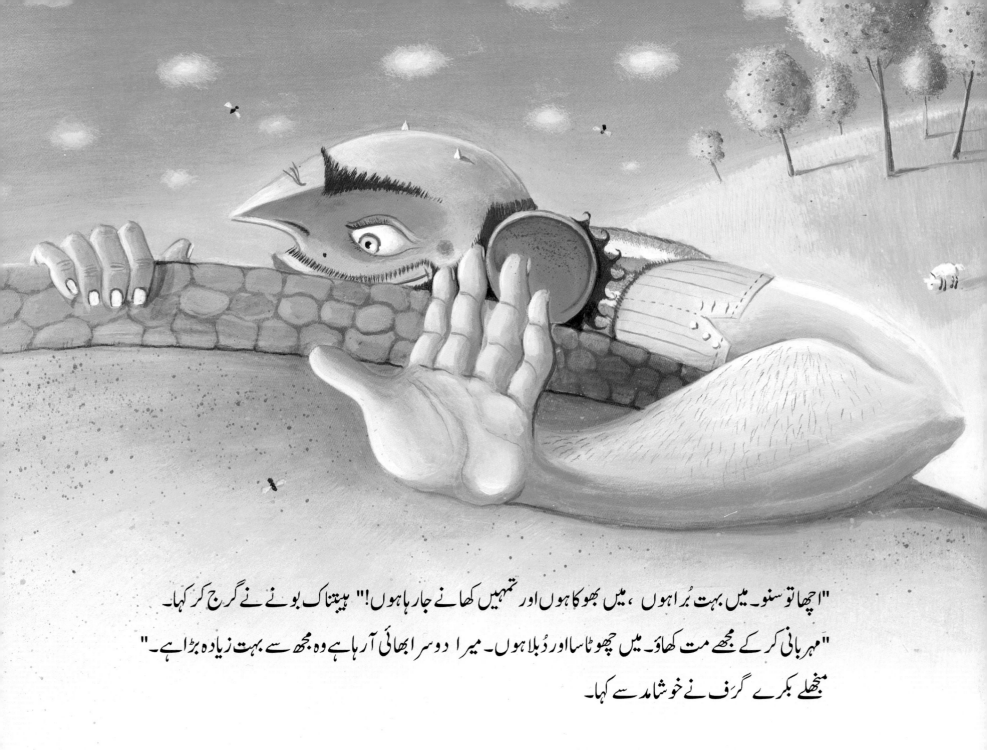

"اچھا تو سنو۔ میں بہت بُرا ہوں ، میں بھوکا ہوں اور تمہیں کھانے جا رہا ہوں!" ہیبتناک بونے نے گرج کر کہا۔

"مہربانی کر کے مجھے مت کھاؤ۔ میں چھوٹا سا اور دُبلا ہوں۔ میرا دوسرا بھائی آ رہا ہے وہ مجھ سے بہت زیادہ بڑا ہے۔"
منجھلے بکرے گرَف نے خوشامد سے کہا۔

"Well, I'm mean, and I'm hungry and I'm going to eat you up!" growled the Troll.
"Please don't eat me. I'm only little and thin. My other brother is coming and he's much much bigger than me," pleaded the middle Billy Goat Gruff.

"یہ تو سچ ہے! تم تو واقعی کھال اور ہڈی ہو۔ تمھارے جسم پر کافی گوشت نہیں ہے۔
میں تھارے بڑے بھائی کا انتظار کروں گا۔"
لہذا منجھلا بکرا گرَف پُل پر سے گزر گیا اور تازی ہری بھری گھاس کھانے لگا۔

"That's true, you *are* all skin and bones," agreed the Troll. "There's not enough meat on you. I'll wait for your bigger brother."
So the second Billy Goat Gruff crossed over the bridge and started to eat the fresh green grass.

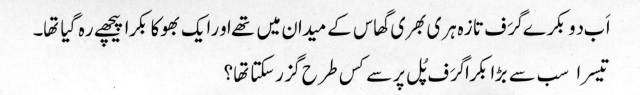

اَب دو بکرے گرَف تازہ ہری بھری گھاس کے میدان میں تھے اور ایک بھوکا بکرا پیچھے رہ گیا تھا۔
تیسرا سب سے بڑا بکرا گرَف پُل پر سے کس طرح گزر سکتا تھا؟

Now there were two billy goats in the fresh green meadow
and one very hungry billy goat left behind.
How could the third and oldest Billy Goat Gruff
cross over the bridge?

"خیر!" تیسرے بکرے گرَف نے سوچا۔ " اگر دوسرے پُل پر سے گزر سکتے ہیں تو میں بھی گزر جاؤں گا!"

ٹرپ ٹریپ، ٹرپ ٹریپ، وہ پُل پر سے گزر رہا تھا۔۔۔ جب ہی۔۔۔

"Well," thought the third Billy Goat Gruff, "if the others can cross that bridge then so can I!"
Trip trap, trip trap across the bridge he went when ...

ایک آواز نے دہاڑ کر کہا۔ "یہ کون ہے جو میرے پُل پر ٹرپ ٹریپ کر رہا ہے؟"

"یہ تو میں ہوں "سب سے بڑے بکرے گرَف نے چلّا کر کہا۔"اور میں بہت بڑا اور

طاقتور ہوں اور تم سے بالکل نہیں ڈرتا!" حالانکہ دراصل وہ ڈرا ہوا تھا۔

a voice roared: "Who's that **trip trapping** on **my** bridge?"
"It's me!" bellowed the oldest Billy Goat Gruff. "And I'm big,
and I'm strong, and I'm not scared of you!" - although he really was.

"خیر! میں بہت بُرا ہوں، میں بھوکا ہوں اور تمہیں کھانے جارہا ہوں!" ہیبتناک بونے نے دہاڑ کر کہا۔
"یہ تو تم سوچ رہے ہو۔" سب سے بڑے بکرے گرَف نے کہا۔
"ہو سکتا ہے تم بہت بُرے ہو اور بھوکے ہو لیکن اگر مجھے کھانا چاہتے ہو تو آؤ مجھے لے جاؤ۔"

"Well, I'm mean, and I'm hungry and I'm going to eat you up!" growled the Troll. "That's what you think!" said the oldest Billy Goat Gruff. "You may be mean, and you may be hungry. But if you want to eat me, come and get me."

ہیبتناک بونا پُل پر چڑھ گیا اور بڑے بکرے گرَف کی طرف دوڑا۔

The Troll climbed onto the bridge and rushed towards
the third Billy Goat Gruff.

لیکن بڑا بکرا گرَف اُس کے لئے تیار تھا۔ اُس نے اپنے سینگ نیچے کئے، کھُر زور سے زمین پر مارے۔
ٹرِپ ٹریپ، ٹرِپ ٹریپ، اور ہیبتناک بونے پر حملہ کر دیا۔

But the third Billy Goat Gruff was ready for him. He lowered his horns, he stamped his hooves ... **trip trap, trip trap** ... and charged towards the Troll.

اُس نے اپنے بڑے بڑے تیز سینگوں سے بہت بُرے بھوکے بونے کو اتنی زور سے دھکّا دیا کہ۔

The third Billy Goat Gruff butted that mean and hungry Troll with his big sharp horns.

ہیبت ناک بونا ہوا میں اُڑتا چلا گیا۔

The Troll went flying
through the air.

اور ایک زوردار دھماکے کے ساتھ
دریا کے ٹھنڈے ٹھنڈے پانی میں گر گیا۔

He landed with a mighty splash,
in the cold cold water.

بہت ہی گہرے دریانے اُس بُرے اور بھوکے ہیبتناک بونے کو سمندر تک پہنچادیااور وہ پھر کبھی نظر نہیں آیا۔

The deep deep river carried the mean and hungry Troll out to sea and he was never seen again.

یا کیا نظر آیا تھا؟

OR WAS HE?

اَب تینوں بکرے گرف بالکل بھوکے نہیں رہتے۔ وہ دل بھر کے تازی ہری بھری گھاس کھا سکتے ہیں۔
اور وہ پُل پر سے جب چاہیں ٹرپ ٹریپ کر سکتے ہیں۔

Now the three Billy Goats Gruff aren't hungry anymore. They can eat as much fresh green grass as they want. And they can **trip trap** across the bridge whenever they like.

For Debbie, Denise, Katy, Jimbo, Rob & all the trolls!
H.B.

To Mum, Dad, Laura & David
R.J.

First published 2001 by Mantra Publishing Ltd
5, Alexandra Grove, London N12 8NU
http://www.mantrapublishing.com

Copyright © 2001 Mantra Publishing Ltd

Printed in Italy